40
Fun
Bible Puzzles
for Kids
#1

40 Fun Bible Puzzles for Kids

Heroes, Villains, and Awesome Leaders

1

MICHAEL KENDRICK

TYNDALE HOUSE PUBLISHERS, INC.
WHEATON, ILLINOIS

ISBN 0-8423-1742-2

Printed in the United States of America

01 00 99 98 97 96 95
9   8   7   6   5   4   3

▼ ▼ ▼ ▼ ▼ ▼ ▼ ▼ ▼ ▼ ▼ ▼

Tips for Solving Puzzles

1. Your best book of hints is the Bible. The Bible is especially helpful in doing many of the crosswords, because a large number of answers are taken directly from God's Word.

2. Don't feel bad if you don't know all the answers to the crossword puzzles without having to look in the Bible. Even people who have studied God's Word for years and years would find it hard to answer every question without looking a few up. In fact, we think it's great if you use the Bible to answer every question!

3. Solving the crisscrosses is easier if you start with a word that has a number of letters that no other words share. In other words, if there is only one five-letter word in the list, find the five squares that match that word. Use that answer as a starting point for finishing the puzzle. Hint: Often the longest word in the list is a good place to start.

4. Some of the hidden words in the word searches are placed backward, diagonally, and bottom to top, so they'll be a little harder to find. Also, look out for clues that have more than one word or a hyphen between words. We have taken the spaces and hyphens out in the puzzle. For example, KING OF JUDAH would appear as KINGOFJUDAH in the puzzle.

5. Solutions are in the back of the book.

▲ ▲ ▲ ▲ ▲ ▲ ▲ ▲ ▲ ▲ ▲ ▲

The Life and Times of Abraham

▼ ▼ ▼ ▼ ▼ ▼ ▼ ▼ ▼ ▼ ▼ ▼ ▼ ▼ ▼ ▼ ▼ ▼ ▼

ACROSS

1 He was angry with Abram for lying to him about Sarai (Genesis 12:17-20).

5 Wicked city destroyed by fire (Genesis 19:24)

8 Over the counter (abbr.)

9 Abraham means "father of ____" (Genesis 17:5).

10 Abraham was called ____ before God changed his name.

11 Opposite of false

12 Paul made many ____ of believers before God met him on the road to Damascus (see Acts 8:3).

14 Abraham's visitors ____ the food he gave to them (Genesis 18:8).

15 What you must do to bread dough to make it rise

16 Abraham was 100 years ____ when Isaac was born.

17 Colorful piece of cloth worn around the neck and tied in a knot

20 A grand ____ is a home run with the bases loaded.

23 City visited by Abraham and ruled by King Abimelech (Genesis 20:1)

24 White whales

25 Sarah didn't think she could have a child at her ____.

continued on page 4

2

▲ ▲ ▲ ▲ ▲ ▲ ▲ ▲ ▲ ▲ ▲ ▲ ▲ ▲ ▲ ▲ ▲ ▲

1		2		3		4		5		6		7
						8						
9								10				
	11					12					13	
14				15						16		
17		18				19		20		21		
												22
23						24						
				25								
26						27						

26 A loud burp
27 Goes on and on

DOWN

1 Tall tree with evergreen needles
2 Abraham had placed Isaac on an _____ when the angel stopped him.
3 God promised to give Abraham descendants "like the stars _____" (Genesis 22:17).
4 OT prophet
5 Damaged or wounded
6 Small missiles thrown at a board
7 Common illness kids get
11 Ten percent (Numbers 18:26)
13 City of Judah along the border with Edom (Joshua 15:24)
15 Abraham's wife after Sarah died (Genesis 25:1)
17 Where Abram went after he and his family left Egypt (Genesis 13:1)
18 A song sung at Christmastime
19 Glowing material that remains after a fire
20 Melchizedek was king of this city (Genesis 14:18).

21 An _____ told Hagar that God had heard her cries (Genesis 21:17).

22 Belonging to the king of Judah described in 1 Kings 15

Sons and Daughters of Bible Heroes

▼ ▼

ACROSS

1 Son of David who rebelled against his father

5 Jacob's only daughter (Genesis 30:21)

8 Watered down

9 City destroyed by fire from heaven

10 Woman ruler of an empire

12 ____, there, and everywhere

16 The evil king Manasseh was the father of Amon and the ____ ____ ____ (2 Kings 20:20-21).

18 Book of the Bible that tells about the early church

20 Material shipped by train, truck, or airplane

24 Samuel was buried here (1 Samuel 25:1).

25 The name Jacob means this (Genesis 25:26).

27 One of Tamar's twins; his name means "bursting out" (Genesis 38:29).

28 "Each man should give what he has ____ in his heart to give" (2 Corinthians 9:7, NIV).

continued on page 8

6

▲ ▲ ▲ ▲ ▲ ▲ ▲ ▲ ▲ ▲ ▲ ▲ ▲ ▲ ▲ ▲

|1| |2| |3| |4| |5| |6| |7|
—	—	—	—	—	—	—	—	—	—	—	—
8						9				
	10			11				12			13
14							15				
16									17		
18		19			20	21					
			22							23
24					25		26			
27					28					

DOWN

1 Deadly disease
2 Son of David and Bathsheba known for his wisdom
3 He was the son of Haran but spent much of his life with his uncle Abram (Genesis 11).
4 Belshazzar's kingdom was divided and given to the _____ and Persians (Daniel 5:28).
5 The prophet Ezekiel was often called "son of _____."
6 To poke gently
7 Son of Noah, or a popular lunch meat
11 A small boat
13 Repeated sound
14 John sent messages to the seven churches of _____ (Revelation 1:4).
15 Slang term for a large truck
17 Son of Phinehas; his name means "there is no glory" (1 Samuel 4:21)
19 She had twin sons named Perez and Zerah (see Genesis 38).
21 A storm _____ for many days and destroyed Paul's ship (Acts 27:20).

22 This evil king of Israel was the son of Jotham (2 Kings 16:1).

23 _____ Flintstone

24 To strike sharply

26 Joan of _____ was a famous heroine in French history.

Pharaoh and Moses

▼ ▼

ACROSS

1 A _____ck is something you eat in between meals.

4 In Old Testament days, idols were often made from wood or _____.

9 Kidney, pinto, or navy

10 The shepherds and wise men _____ the baby Jesus.

12 One of the green amphibians that covered Egypt (Exodus 8:2)

13 Average; not weird

14 Small green citrus fruit

15 What you might do with a drawer of mismatched socks

16 The last of the 10 plagues killed the _____ sons of Egypt's families (Exodus 12:29).

20 If you stub your _____, you might have to hop around on one foot.

21 Meals celebrated to remember how God spared the Israelites from the plague on the firstborn (Exodus 12)

27 Frozen raindrops that destroyed many of Egypt's crops

28 She's married to your uncle.

30 Followed; happened later

33 Tiny insect that covered men and animals in Egypt

continued on page 12

▲ ▲ ▲ ▲ ▲ ▲ ▲ ▲ ▲ ▲ ▲ ▲ ▲ ▲ ▲ ▲ ▲ ▲ ▲

	1	2	3		4	5	6	7	8	
9					10					11
12					13					
14						15				
	16			17	18	19				
				20						
	21	22	23				24	25	26	
27						28				29
30				31	32	33				
34						35				
	36					37				

34 Headgear worn by a soldier or football player
35 "Be ____ Mike"
36 Brownish color often used in antique photographs
37 Corinth was a seaport in ancient Gre____.

DOWN

1 A short decorative stroke placed on a letter of the alphabet
2 Ruth's mother-in-law
3 "Then, red-faced with ____, Moses stomped from the palace" (Exodus 11:8).
4 Adam was the first.
5 The book of Obadiah is a prophecy against the land of ____m.
6 The trunk of a human body
7 The apostle Paul tells us to put on the full ____ of God (Ephesians 6:11).
8 "Now _____ a lesson from the fig tree" (Matthew 24:32).
9 British football leagues (abbr.)
11 Downloading time (abbr.)
17 Ship to shore (abbr.)
18 Also
19 Short for Beverly

21 Sections of glass placed in window frames
22 A walkway or passage in a theater or church that leads you to your seat
23 When a baseball player is in a _____, he is not hitting the ball very well.
24 The fourth living creature was like a flying _____ (Revelation 4:7).
25 Ancient alphabets used by Germanic peoples
26 God gave Aaron the power to turn his staff into a _____.
27 Short laugh
29 For the Passover meal, the people of Israel were told to eat lamb, unleavened bread, and bi____r herbs.
31 First initials of Elijah, Elisha, and Isaiah
32 Date and time of arrival (abbr.)

Heroes and Villains in the Book of Acts

▼ ▼

ACROSS

1 He was stoned to death by the Jewish leaders (Acts 7:57-60).

5 He went with Paul to Lystra and Derbe (Acts 16:1).

8 He became the governor after Felix (Acts 24:27).

9 Musical instrument played when Jericho's walls came down (Joshua 6)

11 The commander was surprised that Paul ____ Greek (Acts 21:37).

15 This apostle spoke at the meeting in Jerusalem (Acts 15:13).

16 The crew feared running the ship into the ____ (Acts 27:29).

19 This connects your head to your shoulders.

21 After prayer and ____, Paul and Barnabas were sent on a special trip (Acts 13:3).

24 Peter told the crowd that this Roman governor was working against Jesus (Acts 4:27).

26 Island where Paul was shipwrecked (Acts 28:1)

27 "Show ____ for everyone" (1 Peter 2:17).

continued on page 16

▲ ▲ ▲ ▲ ▲ ▲ ▲ ▲ ▲ ▲ ▲ ▲ ▲ ▲ ▲ ▲ ▲ ▲

DOWN

1 Small drinks
2 Flap of skin inside your ear that helps you hear
3 Height-range indicator (abbr.)
4 "The birds _____ in its branches" (Ezekiel 31:6).
5 "_____, and you will find" (Matthew 7:7).
6 Language spoken by Roman citizens
7 Signal used when in trouble
10 You might wear this to disguise your face.
12 Clean
13 City destroyed by Ben-hadad (1 Kings 15:20)
14 Worry
17 The Ethiopian eunuch was a servant of this queen (Acts 8:27).
18 Paul appealed to _____, so Festus sent him to Rome (Acts 25:12).
20 A man-made trench that connects two bodies of water
22 Bean that most kids don't want to eat
23 The church members at Ephesus _____ when Paul left them (Acts 20:37).
24 Nickname for Pamela
25 Belonging to it

Weapons Used by Bible Heroes and Villains

▼ ▼ ▼ ▼ ▼ ▼ ▼ ▼ ▼ ▼ ▼ ▼ ▼ ▼ ▼ ▼ ▼ ▼

ACROSS

1 Pointed rods used to prod animals or as weapons
6 Light, whitish substance produced on ocean or lake surfaces
10 To remove the top from a bottle
11 Killer whale
12 ____ Dame Fighting Irish
13 Woodwind mouthpiece
14 Nothing
15 A newspaper that prints strange stories or rumors about famous people
17 Old Testaments out-of-stock (abbr.)
19 Kanga's child
20 To color (fabric) again
22 Joram was killed by this weapon (2 Kings 9:24).
26 Michigan State University
28 Roman emperor noted for his cruelty to Christians
29 Samson killed a thousand Philistines with this unusual weapon (Judges 15:14-15).
33 Woodcutter

continued on page 20

▲ ▲ ▲ ▲ ▲ ▲ ▲ ▲ ▲ ▲ ▲ ▲ ▲ ▲ ▲ ▲ ▲ ▲

	1	2	3	4	5		6	7	8	9
	10						11			
	12						13			
14				15		16				
17			18		19					
20				21		22		23	24	25
			26		27		28			
29	30	31				32		33		
34					35		36			
37					38					
39					40					

34 A blip on a radar screen

35 Sheep sound

37 Jacob was clutching Esau's _____ when he was born.

38 _____-Saxon

39 People like Swiss Army Knives because the tools have so many _____.

40 Pirate flag: the Jolly _____

DOWN

1 Clan described in Numbers 26:48

2 Towns built by Shemed (2 words; see 1 Chronicles 8:12)

3 David decided to _____ like a madman to escape Achish, the king of Gath.

4 A small flying missile used as a weapon in Bible times

5 When the evil spirit came upon Saul, he threw a _____ at David.

6 "They repay me evil for good and leave my soul _____" (Psalm 35:12, NIV).

7 Brand name chocolate-and-cream sandwich cookie

8 Army Corps of Engineers Institute (abbr.)

9 Mothers Against Drunk Driving (abbr.)

14 "A student is not above his teacher, _____ a servant above his master" (Matthew 10:24, NIV).

16 _____ constrictor

18 God told his people to tie his commandments as _____ on their hands (see Deuteronomy 6:8).

21 English String Orchestra (abbr.)

23 Store where you might buy secondhand clothing or furniture

24 Gifted public speaker

25 Expression of surprise or delight

27 To open or remove the latch (from a door)

29 This Bible character was known for his wild driving (2 Kings 9:20).

30 Pilots who shoot down five or more airplanes are _____.

31 Sound children make when they are excited or having fun

32 First letters of Paul's friends' names: Epaphroditus, Linus, Narcissus, Onesimus

36 Which came first: the chicken or the _____?

Spouses of Bible Heroes and Villains

▼ ▼ ▼ ▼ ▼ ▼ ▼ ▼ ▼ ▼ ▼ ▼ ▼ ▼ ▼ ▼ ▼ ▼ ▼ ▼

Below are the names of people who were married to famous Bible people. Try to find the correct position for each name in the crisscross that follows.

3-letter words

Eve

4-letter words

Boaz
Leah
Mary

5-letter words

Sarah

6-letter words

Aquila
Michal
Rachel
Salmon
Zeresh

7-letter words

Abigail
Asenath
Jezebel
Keturah
Rebekah

8-letter words

Herodias
Zipporah

9-letter words

Bathsheba
Elimelech
Lappidoth
Zacharias

10-letter words

Oholibamah

▲ ▲ ▲ ▲ ▲ ▲ ▲ ▲ ▲ ▲ ▲ ▲ ▲ ▲ ▲ ▲

Bible Puzzles

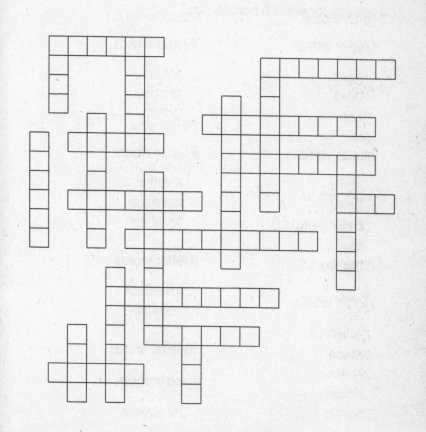

Saul's Friends and Foes

▼ ▼ ▼ ▼ ▼ ▼ ▼ ▼ ▼ ▼ ▼ ▼ ▼ ▼ ▼ ▼ ▼ ▼ ▼ ▼

When Saul became king, God had great hopes for him. But Saul
disappointed God by doing things his way instead of God's.
Eventually he lost his kingdom and his life. This crisscross contains
the names of people who knew Saul—family, friends, and enemies.
(Do not look for words in parentheses.)

4-letter words

Agag
Doeg
Kish

5-letter words

Abner
David
Endor (Witch of)
Ishvi
Merab

6-letter words

Achish
Ahijah
Michal
Nahash
Samuel

7-letter words

Abishai
Ahinoam
Goliath

8-letter words

Abiathar
Abinadab
Jonathan

9-letter words

Ahimelech
Malki-Shua

10-letter words

Ish-bosheth

▲ ▲ ▲ ▲ ▲ ▲ ▲ ▲ ▲ ▲ ▲ ▲ ▲ ▲ ▲ ▲

Bible Puzzles

Kings Who Lost Battles and Kingdoms

▼ ▼ ▼ ▼ ▼ ▼ ▼ ▼ ▼ ▼ ▼ ▼ ▼ ▼ ▼ ▼ ▼ ▼ ▼

The following crisscross is about real losers! They were kings of small nations and great empires who lost battles. (You can find out what happened to them by using a Bible dictionary or concordance to look up their names in your Bible.)

4-letter words

Agag
Ahab

5-letter words

Eglon
Jabin
Necho
Rezin
Tidal
Zimri

6-letter words

Arioch
Hophra
Hoshea
Josiah
Nahash

7-letter words

Amaziah

8-letter words

Amraphel
Ben-hadad
Jehoahaz
Jeroboam
Manasseh

9-letter words

Jehoiakim

11-letter words

Kedorlaomer
Sennacherib

▲ ▲ ▲ ▲ ▲ ▲ ▲ ▲ ▲ ▲ ▲ ▲ ▲ ▲ ▲

Murderers in Bible Times

▼ ▼ ▼ ▼ ▼ ▼ ▼ ▼ ▼ ▼ ▼ ▼ ▼ ▼ ▼ ▼ ▼ ▼ ▼

In this puzzle are the names of 23 people in the Bible who murdered someone or who plotted the death of another person.

4-letter words

Cain
Ehud
Jael
Jehu
Joab
Levi

5-letter words

David
Herod
Moses
Pekah
Zimri

6-letter words

Baanah
Hazael

Hoshea
Lamech
Rechab
Simeon

7-letter words

Absalom
Ishmael
Jezebel
Menahem
Shallum

14-letter words

Nebuchadnezzar

▲ ▲ ▲ ▲ ▲ ▲ ▲ ▲ ▲ ▲ ▲ ▲ ▲ ▲ ▲ ▲ ▲ ▲ ▲

Bible Puzzles

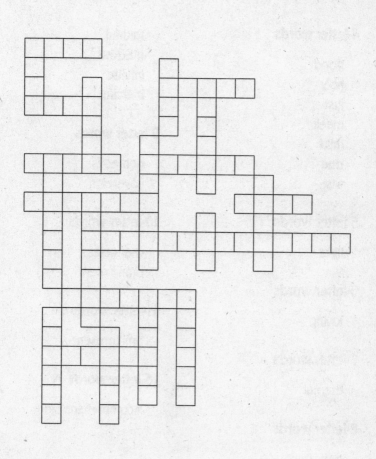

The Qualities of Jesus

▼ ▼ ▼ ▼ ▼ ▼ ▼ ▼ ▼ ▼ ▼ ▼ ▼ ▼ ▼ ▼ ▼ ▼ ▼

The words in this crisscross are all adjectives that describe the character of Jesus. See if you can find the correct places for these heroic qualities.

4-letter words

good
holy
just
meek
mild
true
wise

5-letter words

light

6-letter words

loving

7-letter words

eternal

8-letter words

begotten

faithful
gracious
infinite
merciful

9-letter words

righteous
sovereign

10-letter words

changeless
omnipotent

11-letter words

omnipresent

16-letter words

incomprehensible

▲ ▲ ▲ ▲ ▲ ▲ ▲ ▲ ▲ ▲ ▲ ▲ ▲ ▲ ▲ ▲ ▲ ▲

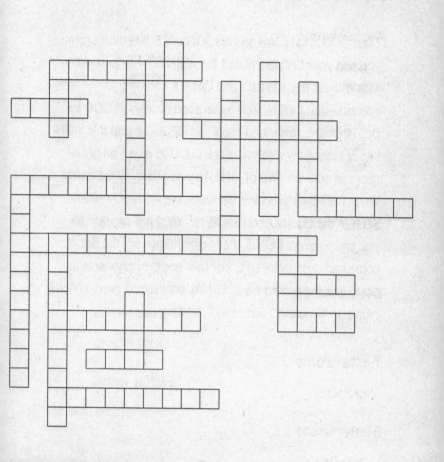

God's Promise to Noah

▼ ▼ ▼ ▼ ▼ ▼ ▼ ▼ ▼ ▼ ▼ ▼ ▼ ▼ ▼ ▼ ▼ ▼ ▼

Noah was a hero because he obeyed God when nobody else did.
As a result of Noah's faith, God made promises to Noah and his
sons that he has kept to this day. Find the words in all capital letters
in the puzzle on the next page.

Then GOD told NOAH and his SONS, "I SOLEMNLY promise
you and your CHILDREN and the ANIMALS you brought
with you—all these BIRDS and CATTLE and wild
animals—that I will NEVER again send another FLOOD to
DESTROY the earth. And I seal this PROMISE with this SIGN:
I have placed my rainbow in the CLOUDS as a sign of my
promise until the END of TIME, to you and to all the earth.
When I SEND clouds over the earth, the RAINBOW will be
SEEN in the clouds, and I will REMEMBER my promise to
you and to every BEING, that never AGAIN will the floods
come and destroy all LIFE. For I will see the rainbow in the
cloud and remember my ETERNAL promise to every LIVING
being on the earth." (Genesis 9:8-17)

▲ ▲ ▲ ▲ ▲ ▲ ▲ ▲ ▲ ▲ ▲ ▲ ▲ ▲ ▲ ▲ ▲

▼ ▼ ▼ ▼ ▼ ▼ ▼ ▼ ▼ ▼ ▼

```
B I Z S I P A X Y P E W P R S T I
U H K V B A G M B Q V S D F F C Y
S V C W M M L I F E K T H B B X D
D Z F B J L B C Q S M F I O N N C
O D A N W R H G P I T I Q N E Q V
A K E G E C W G F M H D U E J R O
S L A I A H N C L O U D S H S Q M
S O N S K I W D Q R B I R D S F L
M V I J E L N N E P J T A B S G I
I P M B S D B B R S N D I C W R V
P H A Z A R M G Y D T H N M J Y I
C Y L N M E L O S W U R B E E G N
C A S H M N Y D N F L O O D S A G
G E T E R N A L I H R F W Y D U B
J Z R T H F C Y A H V D K D C S V
Z Q U E L L R O F M P H M K G H S
A N R E V E N O T D N V F I H P Z
```

The Life and Times of Joseph

▼ ▼ ▼ ▼ ▼ ▼ ▼ ▼ ▼ ▼ ▼ ▼ ▼ ▼ ▼ ▼ ▼ ▼ ▼

Joseph was one of the great heroes of the Old Testament. He lived a long and adventurous life and did great things with God's help. Below is a list of 22 people whose lives were touched by this man of God.

ASENATH	DAN	JAILER	POTIPHAR
ASHER	EPHRAIM	JUDAH	REUBEN
BAKER	EZBON	LEVI	SIMEON
BENJAMIN	GAD	MANASSEH	ZEBULUN
BERIAH	ISSACHAR	NAPHTALI	
BUTLER	JACOB	PHARAOH	

▲ ▲ ▲ ▲ ▲ ▲ ▲ ▲ ▲ ▲ ▲ ▲ ▲ ▲ ▲ ▲ ▲

```
X R W A N G X I N N N L J P K N Y
H B O H S C V W A H R E Q G G T I
U N I Q J O B B S L B V J I D Y J
B L H W S Y J K P O T I P H A R I
G A D U W W H U T S I M E O N W B
R B K B W T U P D Q I S E Z G F A
U E J E I W B R H A S H E R B N A
F G A R R S U E R A H E K R D O G
Q F I I O G S H N N R G N R T J N
F I L A T H P A N J T A U A I S K
C Z E H S E M U C J A C O B J V S
P W R Q I E L L F H F M Q H O D Y
J V A D Z U N R X T A A I E X D W
K R E U B E N A V E V R R N A I W
E B R E L T U B T Y J E K W S Z N
R Y Z Z D Z Y S H H A O E P V P G
P U K F T P U B U G W F O B I N R
```

Visited by Angels

▼ ▼ ▼ ▼ ▼ ▼ ▼ ▼ ▼ ▼ ▼ ▼ ▼ ▼ ▼ ▼ ▼ ▼ ▼ ▼

The Bible records many incidents of men and women being visited by angels. Many times the angels gave encouragement or important news from God. Other times they acted to punish wrongdoing or to protect God's servants. Here are the names of 30 people who saw or heard these heavenly messengers.

ABEDNEGO	HAGAR	MARY MAGDALENE	PHARAOH
ABRAHAM	HEROD	MEROZ	PHILIP
BALAAM	JACOB	MESHACH	SALOME
CORNELIUS	JOHN	MOSES	SHADRACH
DANIEL	JOSEPH	NEBUCHAD-NEZZAR	ZACHARIAS
DAVID	LOT	ORNAN	ZECHARIAH
ELIJAH	MANOAH	PAUL	
GIDEON	MARY	PETER	

▲ ▲ ▲ ▲ ▲ ▲ ▲ ▲ ▲ ▲ ▲ ▲ ▲ ▲ ▲ ▲ ▲

```
G  D  M  D  Z  M  E  I  B  M  E  S  H  A  C  H  R
O  N  R  L  V  Q  P  O  A  G  U  H  M  T  A  G  C
Y  H  H  L  W  I  C  A  V  I  F  V  A  O  O  V  A
O  S  P  O  L  A  L  N  L  D  J  Z  N  G  S  L  U
R  E  L  I  J  A  H  E  G  E  P  A  E  U  A  E  U
E  K  H  M  B  P  N  B  W  O  M  N  B  P  P  R  S
Q  P  W  M  E  R  M  U  O  N  D  B  H  Z  F  X  U
U  D  V  S  O  Y  H  C  P  E  T  E  R  E  F  J  L
G  Z  O  C  D  N  P  H  B  J  M  O  J  C  R  H  I
M  J  M  Z  A  C  H  A  R  I  A  S  C  H  C  O  A
Z  A  E  N  E  L  A  D  G  A  M  Y  R  A  M  L  D
N  O  R  E  H  R  R  N  I  Q  Z  D  R  R  E  C  I
I  O  O  Y  T  C  A  E  W  W  U  D  J  I  H  E  P
G  U  Z  Q  P  T  O  Z  L  U  A  P  N  A  V  I  K
L  B  F  E  I  I  H  Z  X  H  M  A  D  H  E  A  U
Y  L  W  E  M  O  L  A  S  L  D  A  V  I  D  Z  D
S  Y  B  J  Q  A  B  R  A  H  A  M  D  A  B  C  F
```

Moses' Journeys

▼ ▼ ▼ ▼ ▼ ▼ ▼ ▼ ▼ ▼ ▼ ▼ ▼ ▼ ▼ ▼ ▼ ▼ ▼ ▼

Great leaders are often people on the go. Moses was no exception.
During his life, he traveled from Egypt to Midian, back to Egypt, and
finally on the journey that would take God's people to the Promised
Land. During his life, he stopped at many places in the Middle East.
See if you can find all 25 places listed below.

BAAL ZEPHON	HAZEROTH	MIDIAN	RAMOTH
BEER	HESHBON	MOUNT HOR	REPHIDIM
BEZER	HORMAH	MOUNT HOREB	SUCCOTH
DESERT OF SIN	KADESH	MOUNT SINAI	ZERED VALLEY
ELIM	KIBROTH-HATTAAVAH	PARAN	
GOLAN	MARAH	PITHOM	
GOSHEN	MERIBAH	RAMESES	

▲ ▲ ▲ ▲ ▲ ▲ ▲ ▲ ▲ ▲ ▲ ▲ ▲ ▲ ▲ ▲ ▲

Bible Puzzles

```
P V E L W H A B I R E M Q U G D S
E M T N J T N W A V M O H T I P L
L I P H I Q P O R D S U C C O T H
I D G T K S Z G H R E P H I D I M
M I F O Z B F D Y P H A R A M L T
H A P R H M Y O Z H E J Y A H F W
S N R E R R O D T Q E Z N A L O G
E Q O Z H E E U I R O S L C M C O
D X H A T E Z K N X E C H A Z I A
A H T H O B L E D T I S L B A J P
K A N X M F I J B O H A E X O B M
N M U I A N I S T N U O M D D N G
Q R O U R P E C C B N A R A P E W
A O M J R E Y E L L A V D E R E Z
E H M H I E R N E H S O G F B V U
K H A V A A T T A H H T O R B I K
F P K G N R A M E S E S S J J D D
```

God Blesses Job Again

▼ ▼ ▼ ▼ ▼ ▼ ▼ ▼ ▼ ▼ ▼ ▼ ▼ ▼ ▼ ▼ ▼ ▼ ▼

Very few people in history ever suffered as much as Job. In a short time he lost his possessions, his sons and daughters, and his health. But he still believed that God loved him and would take care of him. We read at the end of the book of Job that God did exactly that! Read the following passage (Job 42:10-17) and find the 26 words that appear in capital letters.

Then, when Job PRAYED for his FRIENDS, the Lord RESTORED his wealth and HAPPINESS! In fact, the Lord gave him TWICE as much as before! Then all of his BROTHERS, SISTERS, and former friends arrived and FEASTED with him in his home, CONSOLING him for all his SORROW and comforting him because of all the TRIALS the Lord had BROUGHT upon him. And each of them brought him a gift of MONEY and a gold RING. So the Lord blessed Job at the end of his life more than at the BEGINNING. For now he had 14,000 SHEEP, 6,000 CAMELS, 1,000 teams of OXEN, and 1,000 female DONKEYS. God also gave him seven more SONS and three more DAUGHTERS. These were the names of his daughters: JEMIMA, KEZIA, KEREN. And in all the land there were no other girls as lovely as the daughters of Job; and their father put them into his will along with their brothers. Job lived 140 years after that, living to see his GRANDCHILDREN and great-grandchildren too. Then at last he died, an old, old man, after living a long, good LIFE.

▲ ▲ ▲ ▲ ▲ ▲ ▲ ▲ ▲ ▲ ▲ ▲ ▲ ▲ ▲ ▲ ▲ ▲ ▲

▼ ▼ ▼ ▼ ▼ ▼ ▼ ▼ ▼ ▼ ▼ ▼

```
R A I C A I Z E K K X U L U X S L
X B S L E M A C O N S O L I N G C
E Z O B A C N I S E S L A I R T D
G W M W M P F W B R O T H E R S S
X O F Q I Q G T E D N N P C Y R N
Y R E I M M L T H L S E H E E W Q
P R A Y E D H T H I E I K T M L J
N O S L J G O Y O H T N S Z R O H
M S T N U A J L S C O I M L I F E
X N E A F R I E N D S J Y Q L G S
T X D C H B E G I N N I N G K M E
O T Q X F X R M H A P P I N E S S
K S T B J K Q O W R E S T O R E D
F X N O W K F N U G H S N V E Z X
T F E M C Z U E B G F A R I N G D
W O Y B N D Z Y O P H K O T L P V
D A R O Q H A J E U B T N H H B J
```

Joshua the Warrior

▼ ▼ ▼ ▼ ▼ ▼ ▼ ▼ ▼ ▼ ▼ ▼ ▼ ▼ ▼ ▼ ▼ ▼ ▼

In Joshua 12 we find a list of the 31 cities whose kings Joshua
defeated as he led God's people to the Promised Land. Find them
in the puzzle on the next page.

ACHSHAPH	EGLON	JARMUTH	MADON
ADULLAM	GEDER	JERICHO	MAKKEDAH
AI	GEZER	JERUSALEM	MEGIDDO
APHEK	GOIIM	JOKNEAM	SHIMRON-MERON
ARAD	HAZOR	KEDESH	TAANACH
BETHEL	HEBRON	LACHISH	TAPPUAH
DEBIR	HEPHER	LASHARON	TIZRAH
DOR	HORMAH	LIBNAH	

▲ ▲ ▲ ▲ ▲ ▲ ▲ ▲ ▲ ▲ ▲ ▲ ▲ ▲ ▲ ▲

```
R U M P F H H M T R Y S F J W J K
W T E B Y H A J H F G Q X C C H R
E M G W S L N H E B R O N H G D G
C Q I E L E B N K R E G H I V K N
M G D U G P I B L R I G E Z E R O
L E D L O Q L E A N Y C P S I O X
K A O R I J A T S D O V H B C Z I
Z N C Z I E J H H S N I E O U A M
V R K H M R T E A P M D R S J H O
W J E M I U I L R R H A A A O U N
O K H H M S N V O C F C R L K H W
V D P R R A H N N D X H A V N O C
P G A N N L M Y O O D S D N E R O
I J U O Q E T I Z R A H E H A M Y
G E D E R M A K K E D A H C M A G
J A K O P C J H A U P P A T L H T
M B N Y J V Z M D G B H L Y W S H
```

Judges of Israel

▼ ▼

The books of Judges and 1 Samuel contain the history of the judges who ruled Israel. Many of them were heroic leaders who won great battles and stopped idol worship. The reign of the judges began with Othniel and ended when Saul became the first king of Israel. Can you find the 17 names of Israel's judges in this puzzle?

ABDON	ELI	JEPHTHAH	SHAMGAR
ABIJAH	ELON	JOEL	TOLA
BARAK	GIDEON	OTHNIEL	
DEBORAH	IBZAN	SAMSON	
EHUD	JAIR	SAMUEL	

▲ ▲ ▲ ▲ ▲ ▲ ▲ ▲ ▲ ▲ ▲ ▲ ▲ ▲ ▲ ▲ ▲ ▲ ▲

▼ ▼ ▼ ▼ ▼ ▼ ▼ ▼ ▼ ▼ ▼ ▼ ▼

```
E H X A K D G L N O K W L A S Q K
V Q L S B I X A B D O N P P I B O
I P A G D I N A Z B I O E N N G T
L I H E B A J X G F K Q B N O Q H
E O O U W D O A O T A Y V K S S N
L N B L V S N D H H R I H J M C I
E Y E L O N C R D Y A E R I A J E
U M O P L Y F E C U B L S M S W L
M K N T Z J B Q J D Q H B B P S A
A T V I W O B Y H G A R C O K J O
S X E P R J O Z X M L M D N P U O
E J J A I D L W G A P F L L T V W
S E H M I A U A R S D R T A Y Q W
J J L E O J R H X B H V F V T H Q
J E P H T H A H E D Q W T O C T R
J O R P V D L P P U G D L S T J M
W A V L I J I K D G K A S F F N I
```

▲ ▲ ▲ ▲ ▲ ▲ ▲ ▲ ▲ ▲ ▲ ▲

Started Out Good, Turned Out Bad

▼ ▼ ▼ ▼ ▼ ▼ ▼ ▼ ▼ ▼ ▼ ▼ ▼ ▼ ▼ ▼ ▼ ▼ ▼ ▼

Sometimes men and women start out walking in God's ways but then turn away to follow their own selfish plans. The Bible tells several sad stories of people who ruined their lives by ignoring God's commands. Let's learn from them that obedience to God is always better than our own ideas! Find the 17 people here who disobeyed God.

ABIRAM	DATHAN	JUDAS ISCARIOT	SAUL
ABSALOM	DIOTREPHES	KORAH	SOLOMON
ANANIAS	HYMENAEUS	LUCIFER	
AZARIAH	JEHU	PHILETUS	
CAIN	JEROBOAM	SAPPHIRA	

▲ ▲ ▲ ▲ ▲ ▲ ▲ ▲ ▲ ▲ ▲ ▲ ▲ ▲ ▲ ▲ ▲ ▲

▼ ▼ ▼ ▼ ▼ ▼ ▼ ▼ ▼ ▼ ▼ ▼

```
P Z A J G A L U C I F E R Q V V U
X P R M P F L L T J N O M O L O S
K G I M S A W O J F H R F H O T E
L E H A X L W W E K A J C E R E K
H H P R D N S Q H O O Z L H T M F
Y H P I I L A T U B L F K O W A T
M A A B O I U H N J Z J I M Q O L
E R S A T B L F T I F R F S H B T
N O W A R A P V V A A D F U G O C
A K O K E Z G Y P C D C Q T B R P
E R Y W P A O V S H H S V E Z E F
U U D T H R F I O B A O U L R J A
S R D V E I S A D I B H D I L O P
U G D S S A T J N M W A V H K I I
H K C G D H J A S Y Y G B P C Y L
Z O N U E Z N J E M O L A S B A Z
G M J D D A W W K O V J S I U D J
```

Godly Priests

▼ ▼ ▼ ▼ ▼ ▼ ▼ ▼ ▼ ▼ ▼ ▼ ▼ ▼ ▼ ▼ ▼ ▼ ▼ ▼

Some of the priests who were supposed to serve God served only themselves. Find the names of these 25 priests from the Old and New Testament who served God faithfully.

AARON	ELIASHIB	JETHRO	URIAH
ABIATHAR	EZEKIEL	JOIAKIM	ZACHARIAS
ADAIAH	EZRA	JOSHUA	ZADOK
AHITUB	HILKIAH	MAASHI	ZEPHANIAH
AMARIAH	JEHOIADA	MELCHIZEDEK	
AZARIAH	JEREMIAH	PHINEHAS	
ELEAZAR	JESUS	SHELEMIAH	

▲ ▲ ▲ ▲ ▲ ▲ ▲ ▲ ▲ ▲ ▲ ▲ ▲ ▲ ▲ ▲

Bible Puzzles

▼ ▼ ▼ ▼ ▼ ▼ ▼ ▼ ▼ ▼ ▼

```
Q E J E S U S R O F P D W O O W B
J P E E C H Y O H W S H P B C O P
E O G L T K R M C I M Z V Q N O U
Z J I W I H H S M H L D T T D A F
E L E A Z A R A H G N K C U K G B
K Z D R K L S O A E L F I E J I J
I W Z T E I T H B F L Z D A E Q F
E B C V C M M T I I L E Y Z H Z S
L M A A S H I S A B Z P M N O G M
A U H S O J L A T I A H H I I L X
I B I P H I N E H A S A O H A W L
T N T X D P W C A U I N A Y D H L
N A U E X V L Q R R L I J H A G O
N M B K Z E F S A I R A H C A Z Q
X J J A M R Q Z X A R H L O J P X
M Z F K O D A Z M H L X F R P A L
O P O N O R A A D A I A H P B F A
```

▲ ▲ ▲ ▲ ▲ ▲ ▲ ▲ ▲ ▲ ▲

The Wealth of Solomon

▼ ▼ ▼ ▼ ▼ ▼ ▼ ▼ ▼ ▼ ▼ ▼ ▼ ▼ ▼ ▼ ▼ ▼ ▼

King Solomon was a very rich man. His wealth and wisdom were known throughout the world. The passage that follows (from 2 Chronicles 9, NIV) describes Solomon's possessions. The 25 words in all capital letters can be found in the puzzle.

King Solomon made two hundred large SHIELDS of hammered GOLD; six hundred BEKAS of hammered gold went into each shield. He also made three hundred small shields of hammered gold, with [three MINAS] of gold in each shield. The king put them in the Palace of the FOREST OF LEBANON. Then the king made a great THRONE inlaid with IVORY and overlaid with pure gold. The throne had six STEPS, and a footstool of gold was attached to it. On both sides of the SEAT were ARMRESTS, with a LION standing beside each of them. TWELVE lions stood on the six steps, one at either end of each step. Nothing like it had ever been made for any other KINGDOM. All King Solomon's GOBLETS were gold, and all the HOUSEHOLD ARTICLES in the PALACE of the Forest of Lebanon were pure gold. Nothing was made of silver, because silver was considered of little value in Solomon's day. The king had a FLEET of trading SHIPS manned by HIRAM's men. Once every three years it returned, carrying gold, SILVER and ivory, and APES and BABOONS. King Solomon was greater in riches and wisdom than all the other kings of the earth. . . . Year after year, everyone who came brought a gift—articles of silver and gold, and robes, weapons and spices, and horses and mules. Solomon had four thousand stalls for HORSES and CHARIOTS, and twelve thousand horses, which he kept in the chariot cities and also with him in Jerusalem. . . . The king made silver as common in Jerusalem as stones, and CEDAR as plentiful as sycamore-fig trees in the foothills.

▲ ▲ ▲ ▲ ▲ ▲ ▲ ▲ ▲ ▲ ▲ ▲ ▲ ▲ ▲ ▲ ▲ ▲

S I S S C S X X W Z T E E L F R O
A R D G N N S T S E R M R A M U W
N Y L U G O O K G C M T U E T V C
I H E S Y S O O L O I T S G X G Z
M B I O B G B B D C H A R I O T S
D M H L W L H G A S H I P S U Q D
O T S U E C N J U B O T F C R S L
I O S T V I Z T H I R A M J O O O
P P S Z K C R A D E C S P E T S G
O A N O N A B E L F O T S E R O F
R V L K Q Q Y A P E S T B E K A S
A B X A J R N F W X I A W Y F E V
C O O C C G N B K A M E V B O U R
A S D V A E N O R H T S D L I O N
H O U S E H O L D A R T I C L E S
B T W E L V E H S I L V E R Q X B
B G S H O R S E S Y R O V I P E F

False Gods and Idols

▼ ▼ ▼ ▼ ▼ ▼ ▼ ▼ ▼ ▼ ▼ ▼ ▼ ▼ ▼ ▼ ▼ ▼ ▼

In Bible times, the neighbors of Israel often worshiped gods of stone, wood, or metal. Evil leaders would often persuade God's people to worship these idols, even though the results were disastrous. Throughout the Bible we can find the names of these gods. You can find 25 names in this puzzle.

ADRAMMELECH	BEELZEBUB	MOLECH	TAMMUZ
ANAMMELECH	DAGON	NEBO	TARTAK
ARTEMIS	DIANA	NERGAL	THE BEAST
ASHERAH	GOLDEN CALF	NIBHAZ	UNKNOWN GOD
ASHIMA	JUPITER	NISHROCH	
ASHTORETH	MARDUK	RIMMON	
BAAL	MERCURY	SUCCOTH-BENOTH	

▲ ▲ ▲ ▲ ▲ ▲ ▲ ▲ ▲ ▲ ▲ ▲ ▲ ▲ ▲ ▲ ▲ ▲

```
N I A P K Y R U C R E M W C M I C
R I X T Q N B N P H I L S I D B U
E A S H E R A H C T V M A H A S R
P H I H A Q F E H F H U M T G B C
T B E I R D L O C P U E G O O Y S
T A S H T O R E T H G D B N N F Z
D A M J M I C A O D O U C E M H T
O L B M U A A H M G L J H B A L A
V N E A U P D H N M D C A H R S R
C V E T S Z I W K K E J R T D O T
Q B L B L H O T O L N L T O U B A
Z I Z P O N I K E L C Y E C K L K
C X E D K P E M V R A F M C M Z J
A W B N K Z M R A T L Q I U H V J
Q O U Q B A Z Y G C F L S S K N S
L G B T N N I B H A Z D Z J F U J
O D I A N A N N A V L Z W A I D V
```

People and Places in Elijah's Time

▼ ▼ ▼ ▼ ▼ ▼ ▼ ▼ ▼ ▼ ▼ ▼ ▼ ▼ ▼ ▼ ▼ ▼ ▼

The following people and places were familiar to the prophet Elijah. (His story can be found in the books of 1 and 2 Kings.) Can you find all 23 items?

AHAB	ELISHA	JEZREEL	PROPHETS OF BAAL
AHAZIAH	HAZAEL	JORDAN RIVER	RAVENS
BEER-SHEBA	JEHORAM	KISHON BROOK	SAMARIA
BEN-HADAD	JEHU	MOUNT CARMEL	WIDOW
BETHEL	JERICHO	MOUNT HOREB	ZAREPHATH
CHERITH BROOK	JEZEBEL	OBADIAH	

▲ ▲ ▲ ▲ ▲ ▲ ▲ ▲ ▲ ▲ ▲ ▲ ▲ ▲ ▲ ▲ ▲ ▲

```
H A J J K F Z D O J H A F H M I X
F P H R F O P U L O I K E A H A B
Z L B A B F O U A R J J W Z R D P
W A D K Z C N R A D H N A A Q L H
I I R P Q I Y M B A L E B E Z E J
D P V E R I A E F N T S E L O E Z
O M T L P S N H O R O U E V N R O
W B O W E H F V S I M H R A O Z E
R D A U A F A D T V O Q S S B E N
A L G D N X U T E E U B H I V J E
F J A Q I T V R H R N E E Z K M R
V D E T J A C U P T T Z B T A Y W
O I X R R E H A O Y H P A R H C W
C H E R I T H B R O O K O A S E T
S N A Y J C L U P M R H B Z I P L
G J Y M P G H R A V E N S M L J G
F C D Q L R U O N J B L V B E E W
```

Bad Kings of Israel and Judah

▼ ▼ ▼ ▼ ▼ ▼ ▼ ▼ ▼ ▼ ▼ ▼ ▼ ▼ ▼ ▼ ▼ ▼

After Solomon died, Israel split into two kingdoms. But both nations were often ruled by men who forgot about God and told their people to worship idols. The reign of the bad kings ended when Israel and Judah were conquered by other countries. In the puzzle on the next page are the names of 16 really bad kings.

AHAB	HOSHEA	JEHORAM	PEKAH
AHAZ	JEHOAHAZ	MANASSEH	PEKAHIAH
AHAZIAH	JEHOIACHIN	MENAHEM	REHOBOAM
AMON	JEHOIAKIM	OMRI	ZEDEKIAH

▲ ▲ ▲ ▲ ▲ ▲ ▲ ▲ ▲ ▲ ▲ ▲ ▲ ▲ ▲ ▲ ▲ ▲

```
G O Q X R K X J I H A I H A K E P
W M N V O Q D R W T C B M M X J F
T R Z H P Z T Y K H J W X A N N X
A I E Z P T T M S V E H K O I O D
J A J R T U E Q C K H G Y B H H P
R B E I K N R H Q H O O B O C A B
O S Z H A N E X M Y I H U H A I H
N K T H S S L W J O A T W E I K U
A J E Q S O U E V Z K L J R O E X
Y M X A B K H O J Z I W X H H D W
Y R N U A O Y G U T M B J A E E W
Y A T P A H N G B U K J E I J Z M
M G Q H E O A M H A O T H Z K K E
E S A W M K C Z Q A H Q O A C L R
L Z J A G Q A O Z R X A R H A Y D
M M X Y D O U H J R H K A A U Y T
J G H G I B X B Q D W E M G H D Q
```

Awesome Warriors

▼ ▼ ▼ ▼ ▼ ▼ ▼ ▼ ▼ ▼ ▼ ▼ ▼ ▼ ▼ ▼ ▼ ▼ ▼ ▼

Both the Old and New Testaments mention military leaders. Some, like David, led Israel to military victory over idolatrous nations. Others, like Cornelius, were commanders who found Christ and fought a different kind of battle—the saving of souls. Twenty-two of these awesome warriors can be found in the puzzle on the next page.

ABISHAI	CORNELIUS	JOAB	RABSHAKEH
ABNER	DAVID	JOSHUA	SAMSON
AMASA	GIDEON	JULIUS	SISERA
BENAIAH	IRAJAH	NAAMAN	URIAH
CALEB	ITTAI	NEBUZARADAN	
CLAUDIUS LYSIAS	JEPHTHAH	POTIPHAR	

▲ ▲ ▲ ▲ ▲ ▲ ▲ ▲ ▲ ▲ ▲ ▲ ▲ ▲ ▲ ▲ ▲ ▲ ▲

▼ ▼ ▼ ▼ ▼ ▼ ▼ ▼ ▼ ▼ ▼

```
H I Q S U I L E N R O C P A L X A
Y E T G N B Y Z D I A H S I B A I
G U C T E M W F C X N R S R T M I
M B I L A H P D F J U L I U S B N
V R A J A I B L A A M A S A C J O
J C Z F Z J O A B S G R Q E V R E
E C E R N A A M A N E K H Q O A A
P L X N A D A R A Z U B E N T H R
H C L A U D I U S L Y S I A S P H
T X D F N A R E S I S Y R W I I A
H H A I A N E B F U G V L V Y T I
A C V X N R N R R T F I I M N O R
H U I T B O D E A N U R D J A P U
B L D Z S A U H S O J C J E H Y F
S S F M H E K A H S B A R K O Q E
O D A P Y L Z E B I R A J A H N K
C S R E N B A G Y D G E K T A E E
```

▲ ▲ ▲ ▲ ▲ ▲ ▲ ▲ ▲ ▲ ▲

Powerful Prophets

▼ ▼ ▼ ▼ ▼ ▼ ▼ ▼ ▼ ▼ ▼ ▼ ▼ ▼ ▼ ▼ ▼ ▼ ▼ ▼

The prophets of the Old Testament all shared a common goal: to turn people from sin. Can you find the names of these 21 men who brought God's message to us?

AHIJAH	HABAKKUK	JOEL	OBADIAH
AMOS	HAGGAI	JONAH	ZECHARIAH
DANIEL	HOSEA	MALACHI	ZEPHANIAH
ELIJAH	ISAIAH	MICAH	
ELISHA	JEHU	MICAIAH	
EZEKIEL	JEREMIAH	NAHUM	

▲ ▲ ▲ ▲ ▲ ▲ ▲ ▲ ▲ ▲ ▲ ▲ ▲ ▲

▼ ▼ ▼ ▼ ▼ ▼ ▼ ▼ ▼ ▼ ▼

```
Z T L M I C A I A H J O O M N Q B
F I X E E E M N P L X F U B T K L
V K S M I T R J O N A H J H I C O
H O C O G N N B K A A M A A V I V
A H H B M Y A H Y N K I G C H K I
J O A W E A I D I N D G Z W L Z M
I C J I F P T V I A A M L I E I E
H I I K R D G K B H S F I P F N Z
A I L J F A S O G V U H C L G E
Q A E L H K H W D I Z A Z T A T K
H H L R A U F C P F N R L A G H I
A S Y V I K F D E I O G M A P N E
S I B B A K M N A Z S D U J M J L
R L H W S A G H K F U S O S R U M
J E N C I B H O S E A E P I Q S T
P B Q F X A V P A V L J E H U Q X
C U U N G H U F J E R E M I A H B
```

▲ ▲ ▲ ▲ ▲ ▲ ▲ ▲ ▲ ▲ ▲

Names for the Devil

▼ ▼ ▼ ▼ ▼ ▼ ▼ ▼ ▼ ▼ ▼ ▼ ▼ ▼ ▼ ▼ ▼ ▼ ▼

The ultimate villain in the Bible is Satan. The puzzle to the right contains 20 names for God's enemy.

ABADDON	DECEIVER	LEVIATHAN	ROARING LION
ACCUSER	DESTROYER	LIAR	RULER OF DARKNESS
APOLLYON	DRAGON	LUCIFER	SATAN
BEELZEBUB	GOD OF THIS AGE	MURDERER	TEMPTER
BELIAL	KING OF DEATH	PRINCE OF THIS WORLD	WICKED ONE

▲ ▲ ▲ ▲ ▲ ▲ ▲ ▲ ▲ ▲ ▲ ▲ ▲ ▲ ▲

▼ ▼ ▼ ▼ ▼ ▼ ▼ ▼ ▼ ▼ ▼ ▼

```
Q R U L E R O F D A R K N E S S L
P T U T V O K O D K J R T U Q D K
H Z Q R B P S Z E O T E M P T E R
L E V I A T H A N V P N I V H B G
U V E X Z M Z F C L O J V G S E O
L M G O D O F T H I S A G E S E A
I A I S M R D A L P X N X A E L Z
A B O T T S V G R E F I C U L Z H
R A K O D J N J D E S T R O Y E R
R D T U Q I S A T A N C K G Y B P
Q D R E R E D R U M B P R Y X U O
V O H A H W I C K E D O N E G B K
Q N O E A C C U S E R O E Q Z M Z
P R I N C E O F T H I S W O R L D
E B D E C E I V E R L L A I L E B
N O Y L L O P A C N D R A G O N F
L O H T A E D F O G N I K M S A H
```

Bible Rebels

▼ ▼ ▼ ▼ ▼ ▼ ▼ ▼ ▼ ▼ ▼ ▼ ▼ ▼ ▼ ▼ ▼ ▼ ▼

A rebel is someone who wants to get rid of one ruler in favor of another. Often, the rebel wants to put himself in charge. Once in a while, though, the rebel acts for a good cause. Jehu, for instance, rebelled against the wicked rule of Joram and Ahaziah, and put an end to the idol worship started by Ahab. Below are the names of 24 rebels (or pairs of rebels) found in the Bible.

ABIMELECH	BARABBAS	JOASH	REZON
ABIRAM	DATHAN	JUDAS THE GALILEAN	SHALLUM
ABSALOM	HOSEAH	KING OF MOAB	SHEBA
ADAM AND EVE	JEHOIADA	KORAH	THEUDAS
ADONIJAH	JEHU	MENAHEM	ZEDEKIAH
BAASHA	JOAB	PEKAH	ZIMRI

▲ ▲ ▲ ▲ ▲ ▲ ▲ ▲ ▲ ▲ ▲ ▲ ▲ ▲ ▲ ▲ ▲ ▲ ▲

Bible Puzzles

```
Q S H F S Y F P N N A H T A D Y J
W N A E L I L A G E H T S A D U J
S Q J W J H A E S O H E L W Q V H
E T I U K E U X B V A B S A L O M
L E N E D G H J O A B R Z I M R I
V Y O N U T B U D F B N V R J A M
A B D E V E D N A M A D A L M H U
H S A O J A C J K H Z F S A S S L
G K Q E H X J S F O S Y R U E A L
V H C E L E M I B A R I H Y E A A
K I N G O F M O A B B A H F L B H
T B E F K W T I J A Z C H M Q L S
R A D A I O H E J A T H E U D A S
E Y Y X A K N A B E H S P E K A H
Z R Z M M U H A I K E D E Z P Q M
O Z N C B S N X S M E H A N E M N
N U B A R A B B A S A R R K K Y C
```

Kings and Rulers of Other Lands

▼ ▼

The decisions of many world leaders affected God's people. Below are the names of 25 rulers and kings whose deeds are recorded in the Bible.

ABIMELECH	BELSHAZZAR	HOPHRA	SARGON
ACHISH	BERA	MESHA	SENNACH-ERIB
ADONIZEDEK	CYRUS	NAHASH	SHISHAK
AGAG	DARIUS	NEBUCHAD-NEZZAR	TIGLATH PILESER
ASHURBANIPAL	EGLON	NECHO	
AUGUSTUS	HANUN	NERO	
BAALIS	HIRAM	REZIN	

▲ ▲ ▲ ▲ ▲ ▲ ▲ ▲ ▲ ▲ ▲ ▲ ▲ ▲ ▲ ▲ ▲

▼ ▼ ▼ ▼ ▼ ▼ ▼ ▼ ▼ ▼ ▼

```
M  B  F  X  I  D  V  H  P  L  N  F  U  N  C  F  Y
F  M  Y  N  C  H  S  I  H  C  A  N  O  R  S  D  J
D  G  K  R  R  A  Z  Z  A  H  S  L  E  B  U  I  P
E  N  I  H  H  S  D  I  C  D  G  S  T  D  T  Q  V
T  N  E  A  P  N  S  E  P  E  E  E  K  C  S  V  B
P  P  N  B  O  C  L  Y  N  L  Q  S  U  U  U  T  R
S  J  O  G  U  E  U  N  I  Z  E  R  I  T  G  K  L
N  E  R  O  M  C  G  P  S  C  Z  R  D  L  U  T  D
F  D  N  I  A  S  H  U  R  B  A  N  I  P  A  L  E
Q  K  B  N  K  T  S  A  X  D  H  O  P  H  R  A  P
D  A  H  K  A  Z  K  E  D  E  Z  I  N  O  D  A  B
C  X  P  L  H  C  O  U  U  N  U  N  A  H  A  S  R
Y  R  G  H  S  A  H  L  Z  B  E  R  A  C  U  B  A
H  I  Y  E  I  N  G  E  D  A  E  Z  Q  E  P  E  F
T  J  V  V  H  R  S  A  R  G  O  N  Z  N  E  Q  N
O  T  M  E  S  H  A  Y  G  I  Y  A  D  A  T  N  U
L  H  B  E  R  Q  X  M  R  W  B  N  C  Y  R  U  S
```

Women Leaders in the Bible

▼ ▼ ▼ ▼ ▼ ▼ ▼ ▼ ▼ ▼ ▼ ▼ ▼ ▼ ▼ ▼ ▼ ▼ ▼

The names of these 16 queens, prophetesses, leaders, and godly
women appear in the Bible. See if you can find them.

ANNA	ESTHER	JAEL	PRISCILLA
ATHALIAH	EUODIA	JEZEBEL	QUEEN OF SHEBA
CANDACE	HERODIAS	MIRIAM	SYNTYCHE
DEBORAH	HULDAH	PHOEBE	VASHTI

▲ ▲ ▲ ▲ ▲ ▲ ▲ ▲ ▲ ▲ ▲ ▲ ▲ ▲ ▲ ▲ ▲

```
E G T G L I S Q B M J E Z E B E L
Z I T H S A V S Y N T Y C H E V T
Z H P Z P H O E B E T Y K H W X N
X A E Z A O T T S V A H D E H W S
C R C K M B N J V D Z U R U I J A
U I E K R Q E H O A A L O O S Z I
N W M H Y H U H H N K D H D Y K D
C H K I T O H L S W E A H I I N O
Z W L M C S F A E F P H T A O E R
M A I R I M E B I A O P O R J C E
N Q Z D M M U P Q L J N M Y A N H
C B S M E X S N U Z A R E N R K K
Y C I W G B W I R L F H D E E B K
I U L R U S O Y G H R A T S U A X
J Z O W M P Z R D Y C N L A N Q L
K N F C G V I B A E Q S T N P C Q
A L L I C S I R P H G Y A W Q A V
```

Jesus' Family Tree

▼ ▼

Take a look at Jesus' family tree in Matthew 1, and you'll find a long
list of heroes and awesome leaders. Some of these names appear
in the puzzle to the right. See if you can find 20 of Jesus' ancestors.

ABRAHAM	ISAAC	JOSEPH	RAHAB
ASA	JACOB	JOSIAH	RUTH
BOAZ	JECONIAH	JOTHAM	SOLOMON
DAVID	JEHOSHAPHAT	JUDAH	UZZIAH
HEZEKIAH	JESSE	OBED	ZERUB-BABEL

▲ ▲ ▲ ▲ ▲ ▲ ▲ ▲ ▲ ▲ ▲ ▲ ▲ ▲ ▲ ▲ ▲

▼ ▼ ▼ ▼ ▼ ▼ ▼ ▼ ▼ ▼ ▼ ▼

```
U O Y X Z P N S W Q T T M M D X U
W Q K D E B O M T A G C D X X M J
C W Q S J O W I H M K L P R I F A
X R S A A X O P V C N K Z D A U T
Z E R U B B A B E L T E P E B B J
J N I A A H R X H U C F D R S T P
Z F I H S J C A A S I I I I G U L
J C A O S V N W H X V D N H T E V
J R H H Z J O S I A H O E L U Z L
H E Z E K I A H D E M E Y F I H R
J T C B O W M L I O N J P H X R E
E O J O S T G T L H C K K S M Y X
B R I O N U E O J U D A H G H T C
I O U G T I S D G A Z L F T P S I
A S A Y O H A F A X C S V H U L S
O Q U Z Z I A H P E S O J S K R H
E X P L T I J M C R S Z B P B T S
```

John the Baptist

▼ ▼ ▼ ▼ ▼ ▼ ▼ ▼ ▼ ▼ ▼ ▼ ▼ ▼ ▼ ▼ ▼ ▼ ▼

John the Baptist played a very important part in the ministry of Jesus. He prepared the people for the good news of Jesus' ministry by telling them to turn from their sins. Matthew 3:1-6 describes the beginnings of John's ministry. See if you can find the words in all capital letters in the puzzle.

While they were living in NAZARETH, JOHN THE BAPTIST began PREACHING out in the JUDEAN wilderness. His constant THEME was, "Turn from your SINS . . . turn to GOD . . . for the KINGDOM of HEAVEN is coming soon." ISAIAH the PROPHET had told about John's ministry CENTURIES before! He had WRITTEN, "I hear a shout from the WILDERNESS, 'Prepare a ROAD for the Lord—STRAIGHTEN out the PATH where he will WALK.'" John's CLOTHING was woven from camel's HAIR and he wore a LEATHER belt; his food was LOCUSTS and WILD HONEY. People from JERUSALEM and from all over the JORDAN VALLEY, and, in fact, from every SECTION of Judea went out to the wilderness to hear him preach, and when they CONFESSED their sins, he BAPTIZED them in the Jordan River.

▲ ▲ ▲ ▲ ▲ ▲ ▲ ▲ ▲ ▲ ▲ ▲ ▲ ▲ ▲ ▲ ▲ ▲ ▲

```
C L O T H I N G P R O P H E T L G
G C W R I T T E N V P R G S K B G
H Z J C E N T U R I E S I S I N S
M B J Z R A W A I W H T F V E T K
I C E M E H T I I Q P C I V G J Z
A L R T O Y E L L A V N A D R O J
L O U L B E D H B D E E Q E Q G D
U C S U L E W E E T H J M V R F W
V U A I R J H S H T V O R F J P H
S S L N V T S G E U D L N L D A K
K T E Y N E I R P G S A Q E I W P
A S M H F A A U N X E N Z A Y A Y
S A O N R Z N I T D C I S T T L D
I J O T A M K I U R T I S H Z K C
Q C S N Q C G J O P I I Y E O Q F
P W M J O J C B A R O A D R G P E
J Q U W W M F B K P N A H W S F R
```

Hometown Heroes

▼ ▼

In this puzzle are the names of the birthplaces or hometowns of 23
Bible heroes. (We have included each hero's name, but you should
only look for the name of the town in the puzzle.)

ABEL MEHOLAH
(Elisha)

ALEXANDRIA
(Apollos)

ANATHOTH
(Jeremiah)

BETHLEHEM
(David)

BETHSAIDA
(Philip)

CAESAREA
(Cornelius)

CAPERNAUM
(Matthew)

CHEBAR CANAL
(Ezekiel)

CYPRUS
(Barnabas)

GATH HEPHER
(Jonah)

GILEAD
(Jephthah)

JERICHO
(Rahab)

JERUSALEM
(Solomon)

LYSTRA
(Timothy)

MORESHETH
GATH
(Micah)

NAZARETH
(Jesus)

PONTUS
(Aquila)

RAMAH
(Samuel)

TARSUS
(Paul)

TEKOA
(Amos)

TISHBE
(Elijah)

UR
(Abraham)

ZORAH
(Samson)

▲ ▲ ▲ ▲ ▲ ▲ ▲ ▲ ▲ ▲ ▲ ▲ ▲ ▲ ▲ ▲ ▲

```
R A M A H L K S M U B B G O A A A
D U E B H S I T S O E H V B I Y Y
W B C R H T A G H T E H S E R O M
O H S K A A Y A H B D D T T D Z I
I Z T O O S L L Y S T R A H N H G
Y M K E Y R E O C Y P R U S A S J
S E G Y R H G A H M M Q R A X N L
T S O J E A G M C E I C G I E N V
T Y M M A H Z U L T M A D D L D I
F Y X N A R S A X B T L D A A X L
I T A R S U S N N H D A E L I G L
Y Y O W T U E R H S E W X B B Q M
Z Z R N R C H E B A R C A N A L I
I U O E A N P P Z B T E D N N G W
N P J U O H F A N A T H O T H H T
O Q G I E O H C I R E J X T D J N
Y H J R P K J Z Q K W E Q B U P G
```

Persecuted!

▼ ▼ ▼ ▼ ▼ ▼ ▼ ▼ ▼ ▼ ▼ ▼ ▼ ▼ ▼ ▼ ▼ ▼ ▼ ▼

The people whose names are found in this puzzle suffered persecution at some point in their lives. Many suffered for doing what God wanted them to do. But others were punished for doing something that was clearly wrong in God's eyes. Can you find the 24 names in this puzzle?

ABEDNEGO	ISAAC	JOHN THE BAPTIST	PRIESTS OF NOB
DANIEL	JAMES	MESHACH	SHADRACH
DAVID	JEREMIAH	MICAIAH	STEPHEN
ELIJAH	JESUS	MOSES	TIMOTHY
ELISHA	JOB	PAUL	URIAH
HANANI	JOHN	PETER	ZECHARIAH

▲ ▲ ▲ ▲ ▲ ▲ ▲ ▲ ▲ ▲ ▲ ▲ ▲ ▲ ▲ ▲

Bible Puzzles

```
A B E D N E G O P B G Y E B V A Q
V I L D A N I E L B H R O O T X Y
J E I E Z N P A Z T B N S J R P H
O E S W A O L M O H F A O L F Q K
H P H N Z D I M F O C H J K Z F J
N H A I A C I M S A N A H M V G S
T H A H U T D T S T E P H E N R T
H I U J H I S A A C Q S U S E J S
E A D T I E M P V M J P E H E F X
B Q I A I L P X Q I X V D A Y M S
A I E R H S E S O M D J I D Y E V
P B P P A U L W X P G W Y R M P T
T H V T I H O U L E Z A Z A U I T
I X M V R O C O D T K N J C H D C
S X L L U S J E R E M I A H J Y Y
T Q X P R Y P L Z R E K Y J J V K
V Y U A A B G K M Q F T E D G N V
```

77

The First Christians

▼ ▼ ▼ ▼ ▼ ▼ ▼ ▼ ▼ ▼ ▼ ▼ ▼ ▼ ▼ ▼ ▼ ▼ ▼

Heroes set good examples for us. The first Christians were heroes
because they obeyed God and helped each other. The passage
below (Acts 2:42-47) describes the lives of these believers. Find
the words in all capital letters in the puzzle.

They JOINED with the other BELIEVERS in regular
ATTENDANCE at the apostles' TEACHING sessions and at
the COMMUNION services and PRAYER meetings. A deep
SENSE of AWE was on them all, and the APOSTLES did
many miracles. And all the believers met TOGETHER
constantly and SHARED everything with each other, selling
their POSSESSIONS and DIVIDING with those in need. They
WORSHIPED together regularly at the TEMPLE each day,
met in SMALL groups in HOMES for Communion, and
shared their meals with great JOY and THANKFULNESS,
praising GOD. The whole CITY was FAVORABLE to them,
and each day God added to them all who were being
SAVED.

▲ ▲ ▲ ▲ ▲ ▲ ▲ ▲ ▲ ▲ ▲ ▲ ▲ ▲ ▲ ▲ ▲

```
P K I W N J U S E N S E B A T R G
O L J W L S T P V R I C F L G I K
S F T O G E T H E R B J R E X M W
S S R K D O W V A R C V K L P G C
E F E G Z Q E A T I B N W P D Y S
S F M N E I A P T R O K A M E E G
S V I P L A Y Y E I U C V E L N C
I O J E S U V M N D U V K T I A C
O F B U I B F U D M D K S D C Q H
N P A W L Q M K A H E O I I D E O
S N Q V A M B L N G P V Q H I V M
D N D U O B A V C A I S J C Y B E
Y E J C N R I G E D H M H Z U Q S
T G N I H C A E T B S T S A V E D
G H E I Y J S B K P R A Y E R Q G
U P O T O S M A L L O P J W I E O
X B U B J J R M P E W Y J P W Z D
```

New Testament Bad Guys

▼ ▼

In the puzzle on the next page are the names of 18 men and supernatural beings who opposed the work of Christ and his followers. Can you find them?

ABADDON	CAIAPHAS	HEROD ANTIPAS	PONTIUS PILATE
ALEXANDER	DEMETRIUS	HEROD THE GREAT	SIMON THE SORCEROR
ANANIAS	DIOTREPHES	HYMENAEUS	THE BEAST
ANNAS	ELYMAS	JUDAS ISCARIOT	
BARABBAS	FALSE PROPHET	PHILETUS	

▲ ▲ ▲ ▲ ▲ ▲ ▲ ▲ ▲ ▲ ▲ ▲ ▲ ▲ ▲ ▲ ▲

```
V K S I L P H I L E T U S V Z T J
S I M O N T H E S O R C E R O R U
S J H H G J B U Y E S B A R E X D
F A T U Q C E R G T E R B S Y S A
D W B Q B A W R Y A H E A A D A S
V E V B N O H V G L P D D P M H I
U K M E A T M O B I E N D I V P S
U R M E A R Y K V P R A O T H A C
K Y B H T J A Q B S T X N N B I A
H T G L I R X B S U O E F A O A R
Y H I F A Q I A U I I L V D U C I
W E P L P A M U H T D A G O O Q O
R B A N A Y H E S N W N O R Y M T
P E N W L B L S M O F S E E D R I
Q A N E F A L S E P R O P H E T J
L S A T A E R G E H T D O R E H Y
M T S D A S A I N A N A J I T E R
```

Leaders in the Early Church

▼ ▼ ▼ ▼ ▼ ▼ ▼ ▼ ▼ ▼ ▼ ▼ ▼ ▼ ▼ ▼ ▼ ▼ ▼

Here are the names of 19 awesome men and women who played
important roles in the early church. See if you can find them.

APOLLOS	ERASTUS	LUKE	PRISCILLA
AQUILA	JAMES	MATTHIAS	SILAS
BARNABAS	JOHN	PAUL	STEPHEN
CORNELIUS	JOHN MARK	PETER	TIMOTHY
EPAPHRODITUS	JUDE	PHILIP	

▲ ▲ ▲ ▲ ▲ ▲ ▲ ▲ ▲ ▲ ▲ ▲ ▲ ▲ ▲ ▲ ▲

```
U S N X S N U Z R R K D R C J I Z
I B D Q K R E T E P J G J O H N P
S N Z K P R I S C I L L A W S P Z
O X D E M W Y X C H E T B K T I K
L U E B W H S S L Q Q P R S E L X
L T X M T E A B S S S A A C P I D
O Z M O M I A T Q U M I Z A H H K
P Y M A H R B H T N N X E X E P K
A I J T N X J S H I W N V O N Q D
T R T A W T A O B B M X J F D A J
S A B Z K R J E I U S G H Y I Q K
M A O J E S U I L E N R O C Z U Q
S Q P S D H K Z G G O P R N Z I S
H D V M N X L U A P M O V T L L I
R E K U L E E S W B Q A Q B L A L
Q E J G E P A P H R O D I T U S A
P H S K Q E D U J S R W F M Q R S
```

Little-Known Heroes of the Faith

▼ ▼ ▼ ▼ ▼ ▼ ▼ ▼ ▼ ▼ ▼ ▼ ▼ ▼ ▼ ▼ ▼ ▼ ▼ ▼

In the last chapter of his letter to the Romans, Paul said hello to 30 believers by name. We don't know much about these people, but we do know that Paul loved them dearly. They were active, growing Christians who were excited by their faith. The puzzle on the next page contains these names from Romans 16.

AMPLIATUS	HERMAS	OLYMPAS	SOSIPATER
ANDRONICUS	HERMES	PATROBAS	STACHYS
APELLES	HERODION	PERSIS	TERTIUS
ARISTOBULUS	JASON	PHILOLOGUS	TRYPHAENA
ASYNCRITUS	JULIA	PHLEGON	TRYPHOSA
EPAENETUS	JUNIAS	PHOEBE	URBANUS
ERASTUS	LUCIUS	QUARTUS	
GAIUS	NEREUS	RUFUS	

▲ ▲ ▲ ▲ ▲ ▲ ▲ ▲ ▲ ▲ ▲ ▲ ▲ ▲ ▲ ▲ ▲ ▲ ▲

G A I U S A H E R M A S V F A S J
P H L E G O N Q E V N N G S H U Z
S U I T R E T P E R S I S U E C S
R N Y N B E A M B L E P G T R I U
E T N E H E R M E S H M J R O N N
T S O R N S U T A I L P M A D O A
A H Q E B N S T L Z S S B U I R B
P A T U G U R O H A U S S Q O D R
I U P S T Y L Z B L A U A S N N U
S F K S P O H O U I T W A S O A Y
O I A H G N R B N I R P E P J Z S
S R O U O T O U R A M L E E D G U
E S S S A T J C I Y L Y V Y N U F
A T A P S B N L L E D F B N V R U
X J O I P Y U O P S Y H C A T S R
Z N R Q S J X A B L U C I U S M T
N A G A T T R Y P H A E N A F E S

Names for Jesus

▼ ▼ ▼ ▼ ▼ ▼ ▼ ▼ ▼ ▼ ▼ ▼ ▼ ▼ ▼ ▼ ▼

The Bible has many names for its greatest hero, Jesus Christ. See if you can find the 26 names for our Savior in this puzzle.

ALMIGHTY	GOOD SHEPHERD	LIGHT OF THE WORLD	SON OF MAN
ALPHA	HIGH PRIEST	LORD OF LORDS	TRUTH
BREAD OF LIFE	HOLY CHILD	MESSIAH	VINE
BRIDEGROOM	KING OF ISRAEL	MORNING STAR	WAY
EMMANUEL	LAMB OF GOD	PRINCE OF PEACE	WORD
GATE	LAST ADAM	REDEEMER	
GOD	LIFE	SON OF GOD	

▲ ▲ ▲ ▲ ▲ ▲ ▲ ▲ ▲ ▲ ▲ ▲ ▲ ▲ ▲

```
D N Q B Q Y G R L B F K R P E G Q
I P W P B X S O N O F M A N Q Y D
V G R O W A Y T H G I M L A L R K
T S E I R P H G I H O R K I U B S
L K A V N D B H U O I B G R M P R
S I L N G C T A R Y R H V E O D A
W N P O A U E G D E T K N M R E N
H G H G R G E O A O D I A E N D V
O O A T Q D G D F O V X H E I B S
L F X G I F O T G P P P D D N E N
Y I F R O F H F K B E G E E G H N
C S B B L E O M L H Z A L R S A I
H R M I W N M L S O K T C A T I G
I A F O O E G D U U R E G E A S J
L E R S E A O S Y K B D Y Y R S M
D L I F E O D M A D A T S A L E O
D P L M G W U A Q L E U N A M M E
```

Hebrews Hall of Heroes

▼ ▼ ▼ ▼ ▼ ▼ ▼ ▼ ▼ ▼ ▼ ▼ ▼ ▼ ▼ ▼ ▼ ▼ ▼ ▼

The eleventh chapter of Hebrews is a tale of heroes. They are people who depended on God's promises, even when it cost them friends, family, and even their lives. The following 26 words all come from this famous chapter.

AFTERWARDS	FURNACE	RECOUNT	SWORD
ARMIES	KINGDOMS	RISE	TRUSTED
BATTLES	LOVED ONES	SAMSON	TURN
BEATEN	PEOPLE	SAY	WEAK
DEATH	POWER	SICK	WOMEN
DEN OF LIONS	PROMISED	STORIES	
FREE	PROPHETS	STRONG	

▲ ▲ ▲ ▲ ▲ ▲ ▲ ▲ ▲ ▲ ▲ ▲ ▲

▼ ▼ ▼ ▼ ▼ ▼ ▼ ▼ ▼ ▼ ▼

```
N D W G Q U O K E B B W O M E N S
B S E E W T W C M Z S T A B D E P
Z T L A A P H I F Z K F U A I H E
M E E E X K Q S S D J Q H R Q J O
S H S E L T T A B L Y S O R N O P
D P P S M O D G N I K T X V H S L
R O O S A E H L F D S S A Y L T E
A R W M R U N O E E F R K H P R M
W P E B M B O V J N S E B T M O J
R F R H I E S E X O S C B A B N B
E E R W E A M D F F W O T E W G E
T L S E S T A O U L O U R D A S B
F D Z L E E S N R T R N T P I H Y
A Z J Y A N H E N O D T M R X D X
Q E P O B H Q S A N J L Y L Q N W
D E T S U R T V C S G R E A Y D M
T E P R O M I S E D Y D O M B M C
```

The Awesome Book of Revelation

▼ ▼ ▼ ▼ ▼ ▼ ▼ ▼ ▼ ▼ ▼ ▼ ▼ ▼ ▼ ▼ ▼ ▼ ▼

The book of Revelation is the story of the last battle between heroes and villains. It is filled with wonderful and terrible sights and sounds. See if you can find the 25 items from this last book of the Bible in this puzzle.

ANGELS	ELDERS	LOCUSTS	STARS
BEAST	FALSE PROPHET	MICHAEL	SUN
BOOK OF LIFE	HORSES	MOON	TREE OF LIFE
CENSER	JERUSALEM	SATAN	WARRIORS
CREATURE	JESUS	SCARLET WOMAN	
DRAGON	LAMB	SCROLL	
EAGLE	LIVING BEINGS	SERPENT	

▲ ▲ ▲ ▲ ▲ ▲ ▲ ▲ ▲ ▲ ▲ ▲ ▲ ▲ ▲ ▲

▼ ▼ ▼ ▼ ▼ ▼ ▼ ▼ ▼ ▼ ▼

```
E B M N G P F Q J D B J X G W S T
J G W J D B G V R E S N E C P A P
S R E D L E F I L F O K O O B O D
E N W V I M U E I S Q A N G E L S
S O F S Q E Y A V T Q Z J F A O R
R O F B C L Q G I S B L I L R I
O M I C H A E L N U I L P N L S D
H Y X P X S R E G C F T D N O N V
B E A S T U B L B O W S T A R S M
S R O I R R A W E L Q Z U H C D E
S U N F N E J E I T L N Z S S N R
N T A S W J R G N B W G N T E F N
E A N Z X T D X G S J O M K R J N
T E H P O R P E S L A F M V P G O
K R L X B W N M V A Q T Z A E Z K
P C W T T Q I S B M M B A B N J K
N R D G J A U U L B B K U N T Y Y
```

The Life and Times of Abraham (page 3)

Sons and Daughters of Bible Heroes (page 7)

**Pharaoh and Moses
(page 11)**

	S	N	A		M	E	T	A	L	
B	E	A	N		A	D	O	R	E	D
F	R	O	G		N	O	R	M	A	L
L	I	M	E			S	O	R	T	
	F	I	R	S	T	B	O	R	N	
			T	O	E					
	P	A	S	S	O	V	E	R	S	
H	A	I	L			A	U	N	T	
E	N	S	U	E	D		G	N	A	T
H	E	L	M	E	T		L	I	K	E
	S	E	P	I	A		E	C	E	

**Heroes and Villains
in the Book of Acts
(page 15)**

S	T	E	P	H	E	N		S	I	L	A	S
I		A		R		E		E		A		O
P	O	R	C	I	U	S	F	E	S	T	U	S
S		D			T		K		I			
	T	R	U	M	P	E	T		K	N	E	W
I		U		A		D		F				A
J	A	M	E	S				R	O	C	K	S
O			K		C		E		A			H
N	E	C	K		F	A	S	T	I	N	G	
	A		L		E				D			W
P	O	N	T	I	U	S	P	I	L	A	T	E
A		A		M		A		T		C		P
M	A	L	T	A		R	E	S	P	E	C	T

Weapons Used by
Bible Heroes and Villains
(page 19)

	G	O	A	D	S		F	O	A	M
	U	N	C	A	P		O	R	C	A
	N	O	T	R	E		R	E	E	D
N	I	L		T	A	B	L	O	I	D
O	T	O	S		R	O	O			
R	E	D	Y	E		A	R	R	O	W
		M	S	U		N	E	R	O	
J	A	W	B	O	N	E		S	A	W
E	C	H	O		B	L	E	A	T	
H	E	E	L		A	N	G	L	O	
U	S	E	S		R	O	G	E	R	

Spouses of Bible Heroes and Villains (page 23)

```
        M I C H A L L
        A       Q                    Z E R E S H
        R       U                    I
        Y       I              B     P
                L        L A P P I D O T H
            J   L                    O
  R E B E K A H              H E R O D I A S
  A       Z           Z      S           S
  C       E     A B I G A I L S           E V E
  H       E           C      H     S E N A T H
  E       L     O H O L I B A M A H         N
  L                   A      A             A
                      R                    T
            K         I                    H
            E L I M E L E C H
            T         E
        B   U         A
        O   R     S A L M O N
  S A R A H         L
        Z   H       E
                    A
                    H
```

Saul's Friends and Foes (page 25)

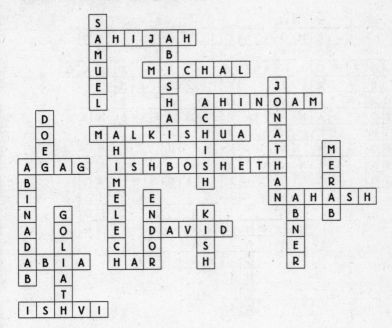

Kings Who Lost Battles and Kingdoms (page 27)

```
        K     H                 Z
      J E H O I A K I M       Z I M R
        D     P                 M
    J E H O A H A Z       R     A G A G
    J E   R   R     A M A Z I A H   A
  J O S I A H     A R I O C H       A B
  B     O   M       A   P       E
  O     R   A       A   E       G
  A   S E N N A C H E R I B     L   R
  M     R   A       E         N   N E C H O
        B E N H A D A D       Z     O
        H   O           H     I     N
        S   S       J A B I N
            H       A
            E       S
      T I D A L     H
```

Murderers in Bible Times (page 29)

```
J  E  H  U
A           E
E     Z     H  E  R  O  D
L  E  V  I  U        E
      Z     D        C
      M     S        H
D  A  V  I  D  H  A  Z  A  E  L              M
   B           A           B        J  O  A  B
I  S  H  M  A  E  L                 O
   A     E     L           C        S
   A     N  E  B  U  C  H  A  D  N  E  Z  Z  A  R
   L     A     M           I        S
   O     H                 N
   M
      J  E  Z  E  B  E  L  L
   H     M        A        A
   O        P     A        M
   S  I  M  E  O  N        E
   H        K     A        C
   E        A     H        H
   A        H
```

The Qualities of Jesus (page 31)

```
                    J
        M E R C I F U L        F
        I           N          R       E
H O L Y     I       S          I       T
        D           T   B E G O T T E N
                    I          H       R
                    N          T       N
                    I          F       A
O M N I P O T E N T E          U       A
M               E              L     L O V I N G
N                              O
I N C O M P R E H E N S I B L E
P       H                      I
R       A                      G O O D
E       N          W           H
S       G R A C I O U S        T R U E
E       E          S
N       L   M E E K
T       E
        S O V E R E I G N
        S
```

God's Promise to Noah
(page 33)

```
B I Z S I P A X Y P E W P R S T I
U H K V B A G M B Q V S D F F C Y
S V C W M M L I F E K T H B B X D
D Z F B J L B C Q S M F I O N N C
O D A N W R H G P I T I Q N E Q V
A K E G F C W G F M H D U E J R O
S L A I A H N C L O U D S H S Q M
S O N S K W D O R B I R D S F L
M V I J E L N N E P T A B S G I
I P M B S D B B R S N D I C W R V
P H A Z A R M G Y D T H M M J Y I
C Y L N M E L O S W U R B E E N
C A S H M N Y D N F L O O D S G
G E T E R N A L I H R F W Y D U B
J Z R T H F C Y A H V D K D C S V
Z Q U E L L R O F M P H M K G H S
A N R E V E N O T D N V F I H P Z
```

The Life and Times
of Joseph
(page 35)

```
X R W A N G X I N N N L J P K N Y
H B O H S C V W A H R E Q G G T I
U N I Q J O B B S L B V J I D Y J
B L H W S Y J K P O T I P H A R I
G A D U W W H U T S I M E O N W B
R B K B W T U P D Q I S E Z G F A
U E J E W B R H A S H E R B N A
F G A R R S U F R A H E K R D O G
Q F I I O G S H N N R G N R T J N
F I L A T H P A N J T A U A I S K
C Z E H S E M U C J A C O B J V S
P W R Q I E L F H F M Q H O D Y
J V A D Z U N R X T A A J E X D W
K R E U B E N A V E V R R N A I W
E B R E L T U B T Y J E K W S Z N
R Y Z Z D Z Y S H H A O E P V P G
P U K F T P U B U G W F O B I N R
```

Visited by Angels
(page 37)

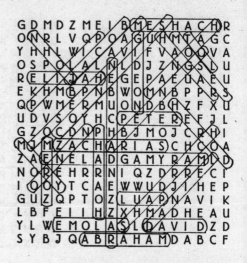

Moses' Journeys
(page 39)

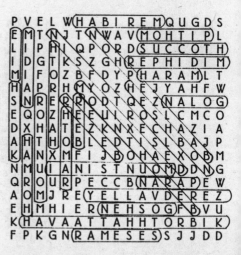

God Blesses Job Again
(page 41)

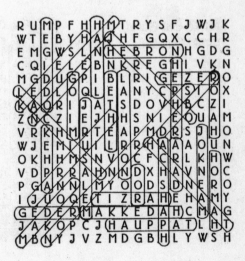

```
R A I C A I Z E K K X U L U X S L
X B S L E M A C O N S O L I N G C
E Z O B A C N I S E S L A I R T D
G W M W M P F W B R O T H E R S S
X Y O F Q I Q G T E D N N P C Y R N
Y R E I M M L T H L S E H E E W Q
P R A Y E D H T H I E I K T M L J
N O S L J G O Y O H T N S Z R O H
M S T N U A J L S C O I M L I F E
X N E A F R I E N D S J Y Q L G S
T X D C H B E G I N N I N G K M E
O T Q X F X R M H A P P I N E S S
K S T B J K Q O W R E S T O R E D
F X N O W K F N U G H S N V E Z X
T F E M C Z U E B G F A R I N G D
W O Y B N D Z Y O P H K O T L P V
D A R O Q H A J E U B T N H H B J
```

Joshua the Warrior
(page 43)

```
R U M P F H H M T R Y S F J W J K
W T E B Y H A J H F G Q X C C H R
E M G W S L N H E B R O N H G D G
C Q I E L E B N K R E G H I V K N
M G D U G P I B L R I G E Z E R
L E D L O Q L E A N Y C R S I O X
K A O R I J A T S D O V H B C Z I
Z N C Z I E J H S N I E O U A M
V R K H M R T E A P M O R S J O N
W J E M X I U L R R H A A O U N
O K H H M S N V O C F C R L K H
V D P R R A H N N D X H A V N O
P G A N N L M Y O O D S D N E R O
I J U O Q E T I Z R A H E H A M Y
G E D E R M A K K E D A H C M A G
J A K O P C J H A U P P A T L H T
M B N Y J V Z M D G B H L Y W S H
```

Judges of Israel
(page 45)

```
E H X A K D G L N O K W L A S Q K
V Q L S B X A B D O N P P I B O
I P A G D N A Z B I O E N G T H
L I H E B A J X G F K Q B N O Q N
L O O U W D O A O T A Y V K S I E
L N B L V S N D H H R A I H J M C L
E Y E L O N C R D Y A E R I A J E
U M O P L Y F E C U B L S M S W L
M K N T Z J B Q J D Q H B B P S A
A T V I W O B Y H G A R C O K J O
S X E P R J O Z X M L M D N P U O
E J J A I D L W G A P F L L T V W
S E H M I A A R S D R T A Y Q W
J J L E O J R H X B H V F V T H Q
J E P H T H A H E D Q W T O C T R
J O R P V D L P P U G D L S T J M
W A V L I J I K D G K A S F F N I
```

Started Out Good,
Turned Out Bad
(page 47)

```
P Z A J G A L U C I F E R Q V V U
X P R M P F L L T J N O M O L O S
K G I M S A W O J F H R F H O T E
L E H A X L W W E K A J C E R E K
H H P D N S Q H O O Z L H T M F
Y H P I L A T U B L F K O W A T
M A A B O I U H N J Z J I M Q O L
E R S T B L F T I R F S H B T
N O W A R A P V V A A D F U G O C P
A K O K E R Z G Y P C D C Q T Z B A
E R Y W P A O V S H H S V E Z R E F J
U U D T H R F I O B A O U L R J
S R D V E I S A D I B H D I L O P
U G D S S A T J N M W A V H K I I
H K C G D H J A S Y Y G B P C Y L
Z O N U E Z N J E M O L A S B A Z
G M J D D A W W K O V J S I U D J
```

Godly Priests
(page 49)

```
Q E J E S U S R O F P D W O O W B
J P E E C H Y O H W S H P B C O P
E O G L T K R M C I M Z V Q N O U
Z J I W H H S M H L D T T D A F
E L E A Z A R A H G N K C U K G B
K Z D R K L S O A E L F I E J I J
I W Z T E I T H B F I Z D A E Q F
E B C V C M M T I L L E Y Z H Z S
L M A A S H J S A B Z P M N O G M
A U H S O J L A T I A H H I L X
I B I P H I N E H A S A O H A W L
T N T X D P W C A U I N A Y D H
N A U E X V L Q R R L I J H A G O
N M B K Z E F S A I R A H C A Z Q
X J J A M R Q Z X A R H L O J P X
M Z F K O D A Z M H L X F R P A L
O P O N O R A A D A I A H P B F A
```

The Wealth of Solomon
(page 51)

```
S I S C S X X W Z T E E L F R O
A R Y D G N N S T S E R M R A M U W
N I H L U G O O K G C M T U E T V C
I M B I E S Y S O O L O I T S G X G Z
D M H L W L H G A S H I P S U Q D
O T S U E C N J U B O T F C R S L
I O S T V I Z T H I R A M J O O O
P P S Z K C R A D E C S P E T S G
O A N O N A B E L F O T S E R O F
R V L K Q Q Y A P E S T B E K A S
A B X A J R N F W X I A W Y F E V
C O O C C G N B K A M E V B O U R
A S D V A E N O R H T S D L I O N
H O U S E H O L D A R T I C L E S
B T W E L V E H S I L V E R Q X B
B G S H O R S E S Y R O V I P E F
```

False Gods and Idols
(page 53)

People and Places in
Elijah's Time
(page 55)

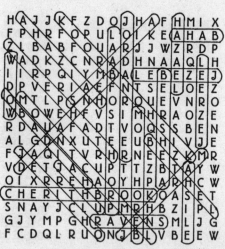

Bad Kings of Israel and Judah
(page 57)

```
G O Q X R K X J I (H A I H A K E P)
W M N V O Q D R W T C B M M X J F
T R Z H P Z T Y K H J W X A N N X
A I E Z P T T M S V E H K O I O D
J A J R T U E Q C K H G Y B B H H
R B E I K N R H O H O O B O C A P
O S Z H A N E X M Y I O A T W E I B
N K T S S L W J O A T W E I K U
A J E Q S O U E V Z K L J R O E X
Y M X A B K H O J Z I W X H H E W
Y R N U A O Y G U T M B A I D E W
Y A T P A H N G B U K J E I J Z M
M G Q H E Q A M H A O T H Z K K E
E S A W M K C Z Q A H Q O A C L R
L Z J A G Q A O Z R X A R H A Y D
M M X Y D O U H J R H K A A U Y T
J G H G I B X B Q D W E M G H D Q
```

Awesome Warriors
(page 59)

```
H I Q S U I L E N R O C P A L X A
Y E T G N B Y Z D I A H S I B A
G U C T E M W F C X N R S R T M I
M B I L A H P D F J U L I U S B N
V R A J A I B L A A M A S A C J O
J C Z F Z J O A B S G R Q E V R E
E C E R N A A M A N E K H Q O A A
P L X N A D A R A Z U B E N T H P
H C L A U D I U S L Y S I A S P H
T X D F N A R E S I S Y R W I I A
H A I A N E B F U G V L V Y T O I
A C V X N R N R R T F I M N O R
H U I T B O D E A N U R D J A P U
B L D Z S A U H S O J C J E H Y F
S S F M H E K A H S B A R K O Q E
O D A P Y L Z E B I R A J A H N K
C S R E N B A G Y D G E K T A E E
```

Powerful Prophets
(page 61)

```
Z T L M I C A I A H J O O M N Q B
F I X E E E M N P L X F U B T K L
V K S M I T R J O N A H J H I C O
H Q C O G N N B K A A M A A V I V
A H H B M Y A H Y N K I G C H K I
A J O A W E A I D I N D G Z W L Z M
I H C J I F P T V I A A M L I E I E
H I I K R D G K B H S F I P F N Z
A L J E A S O G V C U H C L G E
Q A E L H K H W D I Z A Z T A T K
H H L R A U F C R F N R L A G H I
A S Y V I K F D F Y O G M A R N E
S I B B A K M N A Z S D U J M J L
R L H W S A G H K F U S O S R U M
J E N C I B H O S E A E P I Q S T
P B Q F X A V P A V L J E H U Q X
C U U N G H U F J E R E M I A H B
```

Names for the Devil
(page 63)

```
Q R U L E R O F D A R K N E S S L
P T U T V O K O D K J R T U Q D K
H Z Q R B P S Z E O T E M P T E R
L E V I A T H A N V P N I V H B G
U V E X Z M Z F C L O J V G S E O
L M G O D O F T H I S A G E S E A
I A I S M R D A L P X N X A E L Z
A B O T T S V G R E F I C U L Z H
R A K O D J N J D E S T R O Y E R
R D T U Q I S A T A N C K G Y B P
Q D R E R E D R U M B P R Y X U O
V O H A H W I C K E D O N E G B K
Q N O E A C C U S E R O E Q Z M Z
P R I N C E O F T H I S W O R L D
E B D E C E I V E R L L A I L E B
N O Y L L O P A C N D R A G O N F
L O H T A E D F O G N I K M S A H
```

Bible Rebels
(page 65)

```
Q S H F S Y F P N N A H T A D Y J
W N A E L I L A G E H T S A D U J
S Q J W J H A E S O H E L W Q V H
E T I U K E U X B V A B S A L O M
L E N E D G H J O A B R Z I M R I
V Y Y O N U T B U D F B N V R J A M
A B D E V E D N A M A D A L M H U
H S A O J A C J K H Z F S A S S L
G K Q E H X J S F O S Y R U E A L
V H C E L E M I B A R I H Y E A A
K I N G O F M O A B B A H F L B H
T B E F K W T I J A Z C H M Q L S
R A D A I O H E J A T H E U D A S
E Y Y X A K N A B E H S P E K A H
Z R Z M M U H A I K E D E Z P Q M
O Z N C B S N X S M E H A N E M N
N U B A R A B B A S A R R K K Y C
```

Kings and Rulers of Other Lands
(page 67)

```
M B F X I D V H P L N F U N C F Y
F M Y N C H S I H C A N O R S D J
D G K R R A Z Z A H S L E B U I P
E N I H H S D I C D G S T D Q V
T N F A P N S E P E E K C S V B
P P N B O C L Y N L Q S U U U T R
S J O G U E U N I Z E R T G K L
N E R O M C G P S C Z R D L U T D
F D M A S H U R B A N I P A L E
Q K B N K T S A X D H O P H R A P
D A H K A Z K E D E Z I N O D A B
C X P L H C O U U N U N A H A S R
Y R G H S A H L Z B E R A C U B A
H I Y E I N G E D A E Z Q E P E F
T J V V H R S A R G O N Z N E Q N
O T M E S H A Y G I Y A D A T N U
L H B E R Q X M R W B N C Y R U S
```

Women Leaders in the Bible
(page 69)

```
E G T G L I S Q B M J E Z E B E L
Z I T H S A V S Y N T Y C H E V T
Z H P Z P H O E B E T Y K H W X N
X A E Z A O T T S V A H D E H W S
C R C K M B N J V D Z U R U I J A
U I E K R Q E H O A A L O O S Z I
N W M H Y H U H H N K D H D Y K D
C H K I T O H L S W E A H I I N O
Z W L M C S F A E F P H T A O E R
M A I R I M E B I A O P O R J C E
N Q Z D M M U P Q L J N M Y A N H
C B S M E X S N U Z A R E N R K K
Y C I W G B W I R L F H D E F B K
I U L R U S O Y G H R A T S U A X
J Z O W M P Z R D Y C N L A N Q L
K N F C G V I B A E Q S T N P C Q
A L L I C S I R P H G Y A W Q A V
```

Jesus' Family Tree
(page 71)

```
U O Y X Z P N S W Q T T M M D X U
W Q K O E B O M T A G C D X X M J
C W Q S J O W I H M K L P R I F A
X R S A A X O P V C N K Z D A U T
Z E R U B B A B E L T E P E B B J
J N I A A H R X H U C F D R S T P
Z F I H S J C A A S I I G U L
J C A O S V N W H X V D N H T E V
J R H H Z J O S I A H O E L U Z L
H E Z E K I A H D E M E Y F I H R
J T C B O W M L I O N J P H X R E
E O J O S T G T L H C K K S M Y X
B R I O N U E O J U D A H G H T C
I O U G T I S D G A Z L F T P S I
A S A Y O H A F A X C S V H U L S
O Q U Z Z I A H P E S O J S K R H
E X P L T I J M C R S Z B P B T S
```

John the Baptist
(page 73)

Hometown Heroes
(page 75)

Persecuted!
(page 77)

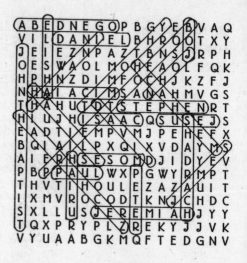

The First Christians
(page 79)

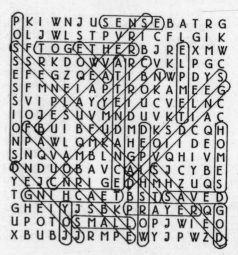

New Testament Bad Guys
(page 81)

```
V K S I L P H I L E T U S V Z T J
S I M O N T H E S O R C E R O R U
S J H H G J B U Y E S B A R E X D
F A T U Q C E R G T E R B A S Y A
D W B Q B A W R Y A H E B A P D S
V E V B N O H V G L P E D D A M I
U K M E A T M O B I E N D I H P S
U R M E A R Y K V P R A O T N A C
K Y B H T J A Q B S T X N F V H A
H T G L I R X B S U O E F V O U R
Y H I F A Q A U I L V D G O O C I
W E P L P A M U H T D A G O O Q O
R B A N A Y H E S N W N O R Y M T
P E N W L B L S M O F S E E D R I
Q A N E F A L S E P R O P H E T J
L S A T A E R G E H T D O R E H Y
M T S D A S A I N A N A J I T E R
```

Leaders in the
Early Church
(page 83)

```
U S N X S N U Z R R K D R C J I Z
I B D Q K R E T E P J G J O H N P
S N Z K P R I S C I L L A W S P Z
O X D E M W Y X C H E T B R T I K
L U E B W H S S L Q Q P R S E L D
L T X M T E A B S S A A C P I H K
O Z M O M I A T Q U M I Z A H H K
P Y M A H R B H T N N X E X E P K
A I J T N X J S H W N V O N Q J
T R T A W T A O C B M X J F D A J
S A B Z K R J E I U S G H Y I Q K
M A O J E S U I L E N R O C Z U Q
S Q P S D H K Z G G O P R N Z I S
H D V M N X L U A P M O V T L L I
R E K U L E E S W C Q A Q C L A L
Q E J G E P A P H R O D I T U S A
P H S K Q E D U J S R W F M Q R S
```

**Little-Known Heroes
of the Faith**
(page 85)

Names for Jesus
(page 87)

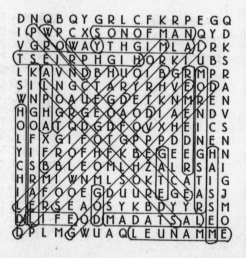

Hebrews Hall of Heroes
(page 89)

The Awesome Book
of Revelation
(page 91)

In addition to this series . . .

40 Fun Bible Puzzles for Kids #2: Adventures, Catastrophes, and Great Escapes
(New! Spring 1995) 0-8423-1743-0

40 Fun Bible Puzzles for Kids #3: The First, the Biggest, and the Best
(New! Spring 1995) 0-8423-1744-9

40 Fun Bible Puzzles for Kids #4: Villages, Kingdoms, and Evil Empires
(New! Spring 1995) 0-8423-1745-7

. . . look for more books from The Livingstone Corporation

101 QUESTIONS CHILDREN ASK ABOUT GOD
0-8423-5102-7
101 QUESTIONS CHILDREN ASK ABOUT THE BIBLE
0-8423-4570-1
Concise, thoughtful, easy-to-explain answers to some of the most important questions kids will ever ask.

AFTER-DINNER DEVOTIONS *(New! Spring 1995)* 0-8423-1671-X
A great devotional tool for real-life dilemmas kids face every day.

WORDS OF GRACE *(New! Spring 1995)* 0-8423-7929-0
This classy devotional contains beautifully illustrated Scripture verses as featured in the *Life Application Bible for Students.*